AF193193

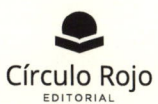

Círculo Rojo
EDITORIAL

METAMORFOSIS

METAMORFOSIS

JOSÉ LUIS POSA LOZANO

Círculo Rojo
EDITORIAL

Primera edición: octubre 2025

Depósito legal: SE 1947-2025

ISBN: 979-13-7023-587-1

Impresión y producción: Editorial Círculo Rojo

© Del texto: José Luis Posa Lozano
© Maquetación y diseño: Equipo de Editorial Círculo Rojo

Editorial Círculo Rojo

www.editorialcirculorojo.com

info@editorialcirculorojo.com

Impreso en España - Printed in Spain

PRÓLOGO

La vida es cambio, evolución, metamorfosis, un ciclo universal del que solo recordamos el último periplo y dudamos si existe un próximo periodo; cambia nuestro cuerpo y nuestro aspecto pero muta aún más nuestro intelecto, nuestra alma se arruga, se endurece y se encierra en sí misma cautiva de los años y los miedos.

El mañana es el sino de la vida, no debemos temerlo ni ignorarlo, aunque muchas veces, al mirar hacia atrás no nos reconozcamos, por eso, escribir debe ser nuestra bitácora, nuestro diario, el breviario en que plasmar el rumbo; hojeando sus páginas, recordaremos, aprenderemos, nos arrepentiremos y a veces hasta nos sentiremos orgullosos.

Os dejo este manojo de poemas con la esperanza de que os haga compañía y el camino os sea más largo y más hermoso.

¡VA POR USTEDES!

AHORA O NUNCA

Me he exprimido el alma
hasta extraerle el último recuerdo,
me he sacudido el cuerpo
hasta arrancarle el último suspiro,
las cuartillas se ríen de mi pluma
que tiembla, calla, se arrastra y se despunta.

Hay un profundo vacío en mi cerebro,
suena un silencio mordaz en mis oídos,
mis manos tiemblan en busca de otras manos,
mis ojos lloran carámbanos de nada,
la música atruena, pero no la escucho,
el cielo estalla en galernas y tormentas,
rayos y truenos incendian el espacio
pero la lluvia se niega a dar la cara,

guerras, sequías, catástrofes y hambrunas,
ese es el mundo que heredarán mis nietos,
un aquelarre en el tiempo y el espacio,
un cuadro negro de Goya en los espejos;
pero aún conservo un soplo de esperanza,
hay que poder detener la cuenta atrás,
hacer limpieza, borrón y cuenta nueva
aunque de cero debamos comenzar
que los jinetes ensillan sus monturas,
y los clarines comienzan a atronar,
el mismo Atila arenga a sus esbirros,
es ahora o nunca. ¡Salgamos a luchar!

EL CÁNTARO ESTÁ VACÍO

Hace apenas cuatro días
Iba a la fuente a llenar
el cántaro de mi vida
y regresaba bailando,
agua fresca y cristalina,
brotaba en aquel vergel:
flores, abejas, gorriones,
ruiseñores por doquier,
iban las mozas cantando
y perfumando el sendero
mientras los niños jugaban
y trasteaban los perros.

Pero de un tiempo a esta parte
la fontana se ha secado,
las mozas se han hecho abuelas
y los niños hombretones,
el vergel está marchito,
las ratas corren por él
¡agua de un grifo oxidado
tenemos que ir a beber!

Los perros calzan bozales
y los que eran mis amigos
se consumen en un banco
tomando el sol de la tarde,
ya nadie canta ni baila
paseando por las calles,
los coches lo inundan todo,

el humo envenena el aire,
motos con escape libre
son las canciones de antes.

Cargo al lomo la mochila
con vino, pan y jamón
y tiro montaña arriba
cantando aquella canción
que me presentó a mi esposa
y anidó en mi corazón
buscando una nueva fuente
donde volver a llenar
el cántaro de mi vida
de amor, ternura y pasión,
escuchando a los gorriones
hacerle coro a mi voz,
¡aún no se ha perdido todo!,
la esperanza al menos, no.

RUTINA

Rutina es la droga
que nos esclaviza,
nos corta las alas,
nos roba la vida,
una droga dura
que corroe el alma
que azuza los miedos,
engendra fantasmas,
nos somete al yugo
de la inoperancia,
nos hace más viejos
más pobres, más carcas,
como marionetas
de las circunstancias,
nos cierra las puertas,
nos enclaustra en casa
como una pandemia
de miedo y desidia,
corroe el futuro,
mata la esperanza
nos hace impotentes,
y corrompe el karma.

¡Rompe las cadenas!
vive, viaja y ama
que eres un ser libre,
que nada te ata,
espanta los duendes,
abre las ventanas,
deja que el futuro
bendiga tu casa,
da un salto al vacío
extiende las alas,
no dejes que el miedo
te corroa alma.

NO PASAN LOS AÑOS

Los años no pasan, pasamos nosotros,
pasa nuestra vida, pasan nuestros sueños,
cargamos a cuestas nuevas esperanzas,
antiguos amores y viejos recuerdos.

Los años no pasan, desfilan airosos
en los almanaques y en los calendarios
mientras vuestra vida se va consumiendo
como aquellas velas que en el cumpleaños
soplábamos juntos, riendo y soñando,
pidiendo deseos que nunca alcanzamos.

Olvida calendas, fechas, prontuarios
y vive la vida partiendo de cero,
porque cada día es un mundo nuevo,
un nuevo futuro, un renacimiento,
algo irrepetible, algo sempiterno,
un alfa y omega en cada suspiro,
un reto, una apuesta en este casino
en el que nacemos, en que nos jugamos
la fe, la alegría, proyectos y sueños,
amores, deseos, prejuicios y miedos
contra una ruleta falaz y trucada
que en cada jugada nos vende a la banca.

Descambia las fichas y sal a la calle,
busca otro sendero más limpio y más verde
que el camino es largo y ya se hace tarde,
las campanas doblan, la noche se cierra,
¡no pierdas el rumbo entre las tinieblas!

CONMIGO NO CUENTEN

¿De dónde venimos?,
¿hacia dónde vamos?,
¿qué somos, que hacemos?,
¿por qué perduramos
sembrando la muerte,
arrasando el mundo,
cubriendo la tierra
de hambrunas y guerras,
creando desiertos
donde hubo vergeles,
criando maleza
entre los trigales,
generando el odio
y la mala sangre,
arrasando el cielo,
pudriendo los mares,
vendiendo el futuro
a esos traficantes
que compran los votos
y después nos pagan
sembrando pandemias,
apestando el aire,
creando un infierno
donde hubo un oasis,
cultivando el miedo,
fomentando el hambre
convirtiendo el mundo
en un aquelarre?

Si no hay un futuro
mejor que el presente,
si no hay esperanza
en que esto se arregle,
si no corregimos
tamaños desmanes,
hago las maletas,
¡conmigo no cuenten!

UN PASEO POR EL BOSQUE

Me siento a escribir y espero
recibir maná del cielo,
abro mi mente y mi alma,
mis brazos y mis entrañas,
mas la pertinaz sequía
sigue agrietando mi tierra,
las flores se marchitaron,
los ríos son pedregales,
las golondrinas volaron,
solo restan alimañas,
cantos rodados, barbechos,
¡un sol de justicia abrasa!

Pero no podrán conmigo
miedos ni desesperanzas,
tomo un café bien cargado,
me pego una ducha helada,
me pierdo por los senderos
sin brújula ni sextante,
canto con los pajarillos
que vienen a saludarme
y trino a coro con ellos,
limpio mi alma y mi sangre.

Al cabo, escucho un arroyo
que brota de entre las piedras
tomo su agua en mis manos
y me refresco la cara
sintiendo como la vida

se renueva en mis entrañas,
que en su rivera aún hay flores
y abejas en sus corolas.

Y de repente las musas
me jalean y me abrazan,
comienzo a escribir sin pluma
en las páginas del alma
cantando por los senderos
que me conducen a casa
pues no hay mejor medicina
que la luz, la paz, el agua,
un paseo por el bosque
sin teléfono ni senda.
perderse entre la maleza
sin navegador ni riendas.

YA NO HAY TIEMPO QUE PERDER

Nos están robando el tiempo,
nos roban hasta la fe,
la esperanza en el futuro,
la libertad y el poder:
el poder dormir tranquilos,
el poder vivir en paz,
el poder cerrar los ojos,
el poder de comprender
qué es lo que está sucediendo,
qué nos puede suceder,
si no ponemos remedio
a esta era demencial
de guerras, hambrunas, plagas
inundaciones, sequías
analfabetismo y odios,
de pasotismo y desidia.

Hemos de cambiar el rumbo
recuperar el timón
expulsar a los corsarios
que han asaltado la nave,
cerrar las vías de agua,
largar velas al futuro
y escapar de esta ensañada
en busca de un nuevo mundo,
donde el amor sea el credo,
donde se reparta el pan
con equidad y justicia
para volverá cantar,

a creer que hay un mañana
en que volver a nacer
limpios de alma y de cuerpo
donde soñar y crecer.

La galerna ya retumba,
¡ya no hay tiempo que perder!

DESPEDIDA Y CIERRE

Tu ordenas, mandas, diriges,
me exiges fidelidad
sexo a la carta y "al dente"
pero a cambio ¿Qué me das?

Me quieres guapa y radiante
para poderme exhibir
como un trofeo de caza,
¡otra pieza en tu redil!
pero al cabo, soy tu esclava
currando de sol a sol
dentro y fuera de esta casa
que has convertido en prisión.

Me quieres mansa y sumisa,
una más para tu harén,
me niegas voto y palabra,
me exprimes como a un limón
y me sacas de paseo
como a una perra de raza
presumiendo del buen ojo
que tienes para la caza,
pero no cantes victoria
que esta perra está rabiosa
y en una noche sin luna
cuando vuelvas de tus razias
te vas a encontrar vacía
esa que fue nuestra casa,
la caja fuerte, las joyas,
libreta y cuenta corriente
y una tarjeta quebrada
por compras de última hora.

La hipoteca es toda tuya
¡Ve a fornicar con tus zorras!

SHEMIRRAMIS

SIENTO RABIA
Y TENGO MIEDO

Siento rabia y tengo miedo,
siento rabia de vivir
en un mundo tan obtuso
que labra su propio fin
a golpes de odio y miseria
de egoísmo y vanidad
que cava su propia tumba
y no para de horadar
buscando el apocalipsis,
ignorando la verdad,
siguiendo los espejismos
que marca el gran capital.

Siento miedo de que el tiempo
agote la cuenta atrás
que la tierra nos arroje
al vertedero global
cansada de la basura
que le hemos hecho tragar
que nos vomite en la taza
del espacio universal
que tire de la cadena
y arrastre a la humanidad
al vertedero del tiempo
donde ya no hay marcha atrás
y vuelva a empezar de cero
un nuevo ciclo vital.

Siento rabia y siento miedo
de no poderlo evitar,
de haber hecho caso omiso
cuando mucho tiempo atrás
nos estaba dando avisos
de que no aguantaba más,
con estertores, volcanes,
inundaciones, sequías,
terremotos y tsunamis,
hambrunas día tras día,
pero no le hicimos caso
y seguimos arrasando
su piel, su cielo, sus aguas,
el aire que respiramos,
ahora quizás sea tarde
y aún así, no escarmentamos.

QUIERO VIVIR POR MÍ MISMO

Nos alertan muchas veces
que se nos acaba el tiempo,
pero el tiempo no se acaba,
es una espiral sin tiento
que gira cual remolino
y nos absorbe en su seno;
una galaxia infinita
que gira sobre si misma
y vuelve a los mismos sinos
aunque parezca distinta.

Desde el vórtice supremo
en el que todo gravita
hasta el penúltimo giro
en que rota nuestra vida,
todo es un puro espejismo
una entelequia, un delirio.

Morimos cuando nacemos
nacemos cuando morimos
y en cada giro, crecemos,
aprendemos y vivimos
hasta que Cronos decide
que hemos culminado el ciclo.

Alfa y Omega nos celan
y trazan nuestro camino
desde el Edén al infierno,
desde la cuna hasta nicho;
pero yo no me resigno,
¡quiero vivir por mí mismo!

ESCRIBIR NO ES UN OFICIO

Escribir no es un oficio,
es una necesidad
tan apremiante y tirana
como poder respirar,
es un insomnio perpetuo
que te impide descansar
que te hace soñar despierto
que ocupa tu corazón
que te esclaviza el cerebro,
mas te permite vivir
mil vidas en una vida
sin miedos al más allá
pues presientes que el futuro
será como tú lo sueñas,
como lo escribe tu pluma,
como en verdad lo deseas
si no subastas tus sueños,
si a pecho abierto peleas,
si te eres fiel a ti mismo
y no malvendes tu esencia
por unas sucias monedas
tan falsas como rastreras.

Escribir no es un oficio,
será tu razón de ser,
tu vocación, tu destino,
tu paraíso y tu infierno.
Vive, ama, lucha, canta
que no te trague la tierra
que no te amordace el miedo

que esta guerra, es nuestra guerra,
contra el terror, la injusticia,
contra hambrunas y miserias.

¡Sigue escribiendo poeta,
sigue sembrando la tierra
con tus versos y tus rimas
¡será una hermosa cosecha!

ROMANCE DEL AMOR IMPOSIBLE

No llores niña, no llores
que está amaneciendo el sol,
que ya el rocío chispea
al canto del ruiseñor.
—Yo puedo darte cariño
y tú me exiges amor—.

No llores niña no llores
que el día despunta ya,
que empieza una nueva vida
más limpia para los dos
—Yo puedo darte cariño
y tú me exiges amor—.

Larga tus velas al viento,
iza en tu palo mayor
la enseña de tu belleza,
y empuña firme el timón
que yo he descolgado el bote
y remaré sin descanso
hasta alcanzar el destino
que ha tiempo llevo buscando.

Y cuando llegues a puerto,
—por ello ruego al Señor—
encuentra ese amor que ansías
y no pude darte yo.

EL VIEJO

Yo no dejé entrar al viejo,
se coló por la ventana
y ahora lo tengo de okupa,
¡me dice que esta es su casa!

Quiere comer en mi mesa,
quiere dormir en mi cama
y eso no se lo consiento,
¡no compartiré mi almohada!

Que no se acerque a mi esposa
que no me dé la tabarra
o lo agarro de los pelos
y lo desahucio a patadas.

Le he puesto un catre en las golfas,
le subo vino y comida
mientras esté calladito
y no me dé la barrila,
le estoy cogiendo cariño
y lo saco de paseo
a tomar unas cañitas
y unos taquitos de queso,
mientras esté calladito
y no me empañe el espejo,
cuando intento concentrarme,
cuando me afeito o me aseo.

A veces me reconozco
cuando le miro a los ojos,
cuando apenas ya camina,
cuando le veo llorando,
mas tengo que ir con cuidado
y no hablarle por la calle
ni cuando estamos en casa
en la mesa o en el catre,
he de tomar precauciones
he de aprender a ignorarle
o pensarán que chocheo
y me dejarán aparte.
¡Es duro llegar a viejo
solo, amargado y distante!

QUIEN ESPERA DESESPERA

"Quien espera desespera"
nos recuerda el refranero,
pero es mucho más frustrante
sentarte a mirar el suelo,
a observar como diluvia
o como se enciende el cielo,
sin proyectos ni esperanzas,
sin más deseo que el tiempo
acelere su camino
y nos traiga un mundo nuevo
o se nos lleve consigo
a los silos del averno.

La esperanza es como el lecho
donde se engendran los sueños,
donde la verdad florece,
desaparecen los miedos
y se abren nuevos caminos
hacia un futuro más nuestro;
mas no hay que esperar sentado,
hay que afrontar el destino
con las espadas en alto
y los escudos en vilo
que la vida es un combate
contra el dolor, contra el tedio,

un vía crucis, un reto,
un peregrinaje eterno
buscando lo indefinible,
la verdad de las mentiras,
el amor que hemos soñado
y que nos niega la vida
pero quizás nos espera
a la vuelta de la esquina.

AROMAS DE MADRUGADA

Me despierto a media anoche
y sueño que estoy durmiendo,
me atacan las pesadillas,
los presagios y los miedos
pero yo les hago frente,
abro los ojos y siento
como el aura de mi amada
me da cobijo y sustento
cuando respiro su aroma,
cuando su calor me abraza,
cuando su piel de manzana
perfuma la madrugada.

Y vuelvo a cerrar los ojos,
a soñar que estoy despierto,
que la tomo entre mis brazos
y hago el amor en silencio
por no romper el hechizo,
ese mágico aquelarre
en que ella y yo somos uno
sin nada que nos separe.

Cuando amanece soy otro,
ya no hay temores ni miedos
y respiro su ambrosia
como un efluvio del cielo
que me eleva hacia el parnaso
y me aleja del averno.

Tomo el papel y la pluma
y doy a luz un poema:
fuego, ternura y deseo
concebido beso a beso,
le hago un lecho en la cuartilla
le doy calor en mi pecho
y siento que el nuevo día
será más dulce y más tierno.
¡Solo el amor nos libera
de angustias y desesperos!

LIKE A ROLLING STONE

Que quieres que yo te diga
si ya no sé qué decir,
si no me queda esperanza,
si me duele hasta vivir,
si tengo el alma hecha un nudo
y el corazón hecho un puño,
si me escondo de mí mismo,
si tengo miedo al futuro,
si no me miro al espejo
porque no me reconozco.

Intento escribir y siento
que ya no hay tinta en mi cuenco,
¡se me ha secado la pluma
y la cuartilla está en blanco!
no quiero leer la prensa
ni ver los telediarios,
tomo asiento en mi butaca,
pincho un vinilo y me lanzo
a viajar a ese otro tiempo
en que aún tenía esperanza,
en que sentí la utopía
al alcance de la mano,
en que aún había un futuro
brillando en el calendario.

Pero no quiero rendirme
no voy a ser presa fácil
escucho a Dylan buscando
las respuestas en el viento,
cantando a cantos rodados
que se pierden río abajo
mientras Joan Báez me abraza
y me da un beso en los labios.

Me levanto del asiento
apuro el "whisky" de un trago
y bajo por la escalera
cantando a grito pelado
"Satisfaction" de los Rollings;
salteando los peldaños,
salgo a la calle, es de noche
pero yo sigo lanzado
bailando bajo la lluvia
soñando que estoy soñando,
me junto con los colegas
y entre cubatas y porros
arreglaremos el mundo
y barreremos las calles
de políticos corruptos
de banqueros chupa sangre,
pero el tarro me da vueltas
y no paro de ir al baño
mañana será otro día
este ya no tiene apaño.

¡QUIÉN PUDIERA!

¡Quién pudiera bañarse en tus cabellos
y secarse al calor de tu mirada,
cabalgar por las dunas de tus senos
y flotar en el lecho de tus algas!

¡Quién pudiera dormir entre tus brazos
y despertar respirando tu ambrosia,
navegar por tu piel de terciopelo
y fondear en tu cálida bahía!

¡Quién pudiera ceñirse en tu cintura,
resbalar por la cera de tu vientre,
bucear en las playas de tu delta
y sumirme en el mar de tus corrientes
sin aletas, sin plomos ni escafandra
respirando el efluvio de tu cueva,
con la piel enredada en tus helechos
y tu esponja latiéndome en la boca!

REBOBINANDO

La cinta cruje y se engancha,
el audio suena fatal,
el vídeo se distorsiona,
se para y vuelva a arrancar,
busco mis viejas canciones,
las que me hicieron soñar,
las que sonaban el día
en que te pude besar,
pero el casete es muy viejo,
no le quedan fuerzas ya
y llora viejos recuerdos,
pero ya no puede más.

He buscado en el YouTube,
he entrado en Spotify,
pero apenas queda nada
de lo que quiero escuchar,
canciones de los sesenta
que tanto quise bailar
cosechando calabazas
preguntando sin cesar:
¿Bailas preciosa? – No, gracias–
me solían contestar.

Pincho un vinilo en el plato
y me tumbo en el sofá,
cierro los ojos y sueño
que puedo rebobinar,
volver a bailar los lentos
que nunca pude bailar,
pero el disco está rayado,
salta y salta sin parar.

Tomo un CD del estante
cierro los ojos y sueño,
el sonido no es el mismo,
¡no se puede tener todo!
me sirvo un cubata helado,
canto, bailo, rio y lloro,
escribo un poema intenso
y vuelvo a vivir de nuevo:
sin amor ni poesía
la vida es un cementerio.

PUZLE VITAL

Intento encajar palabras
en el puzle de un poema,
intento plasmar ideas
en mi óleo vital,
pretendo escribir y apenas
queda tinta en el tintero,
la plumilla se despunta
y el pergamino ancestral
se llena de tachaduras,
de faltas de ortografía
y de borrones sangrientos
que no puedo eliminar.

En el libro de la vida
donde plasmamos los sueños,
quedan páginas en blanco
que no se dejan llenar,
son epitafios vacíos,
lápidas sin más esquelas
que las huellas que el olvido
no ha conseguido borrar,
escaleras hacia el cielo
que han perdido sus peldaños,
canciones que nadie canta
–pues nadie recuerda ya–,

promesas en saco roto,
juramentos bajo palio,
golondrinas que a sus nidos
no han podido regresar,

fábulas sin moraleja,
himnos manchados de sangre,
cuentos de niño que a veces
intentamos olvidar
porque daban tanto miedo,
porque eran tan castradores…
¡cuántas vigilias en blanco
tuvimos que pernoctar
hasta que nos dimos cuenta
que es peor la realidad!

HOY SERÁ UN DIA MEJOR

Cada día me despierto
con el teclado en las manos,
con la pluma en el tintero,
escribiendo y meditando
y cada día me acuesto
con mis páginas en blanco,
con la pluma despuntada
y el ordenador colgado,
mas no me doy por vencido,
sigo escribiendo y soñando,
aunque a veces, de mi pluma
solo surjan garabatos,
aunque el monitor se apague
y se me borren los datos.

Cuando ya nada funciona,
tomo lápiz y papel,
preparo un café cargado
y me siento a recordar
esos momentos divinos
que sé que regresarán
y esos otros tan amargos
que nunca debí engendrar,
pincho un vinilo en el plato,
canto esa vieja canción
que acompasaba mis sueños
cuando aún creía en Dios,

cuando el amor era un sueño
imposible de alcanzar
pero seguía buscando
día y noche, sin dejar
de esperar lo inesperado
y volviéndolo a intentar.

Y de pronto las tinieblas
comienzan a clarear
y siento la luz del alba
volviéndome a iluminar,
¡las musas han regresado!,
enciendo el ordenador,
me acomodo ante teclado
sintiendo mi corazón
latir pidiendo batalla,
¡hoy será un día mejor!

FUEGO EN EL CUERPO

Me asomo a esperar la lluvia
pero no quiere llover,
me acuesto esperando un sueño
pero no puedo dormir,
me siento frente al teclado
para engendrar un poema,
pero la mente está en blanco
y el monitor parpadea,
¡hasta el ratón coletea
riéndose de mis penas!

Vivo en un "quiero y no puedo",
en una cárcel de miedos,
en un túnel sin salida,
en un porvenir incierto,
en una estación cerrada,
por donde solo aúlla el viento.

He de huir de la rutina,
buscar ese tiempo nuevo
en que soñaba de joven
y ahora apenas recuerdo:
recuperar la esperanza,
gritar a los cuatro vientos
que todavía estoy vivo
que no he enterrado los sueños,
despertar de esa modorra
que me mantiene en silencio,
correr, saltar por el bosque

cantando como un poseso,
acariciar a mi esposa
hasta comérmela a besos,
hacer el amor de nuevo
como cuando éramos novios,
recuperar la alegría
porque la vida no es sueño,
a veces es pesadilla
o un triste fundido en negro,
pero no podrán conmigo,
¡aún arde el fuego en mi cuerpo!

ALZHEIMER

Camino por la quebrada
sin brújula ni sextante,
descalzo y sin provisiones,
perdido y sin equipaje,
envuelto en nieblas y hielos
arrastro mis pies descalzos,
la cantimplora vacía,
el zurrón como estandarte,

mientras el viento me azota
y aúlla desafiante
ando y desando mis pasos
sin reconocer a nadie,
sin saber de dónde vengo
ni cuando llegaré al valle,
a esa tierra prometida
con que sueño cada noche
desde este zulo mugriento
temblando de frío y hambre.

Antes de cerrar los ojos
me acuerdo de santiguarme
y rezar las oraciones
que me hizo aprender mi madre,
mientras las lágrimas brotan
ácidas, frías, distantes
y voy perdiendo recuerdos
en ese negro aquelarre
de gritos, rostros y voces
que aúllan a cada instante,
pero el cansancio me agobia
y me desgarra las carnes,
cierro los ojos y siento
que no quiero despertarme.

¿POR QUIÉN DOBLAN LAS CAMPANAS?

Me arrastro entre las arenas
de una playa desolada
cubierta de peces muertos
y de moribundas algas,
las olas hierven espumas
negras como mi esperanza,
las tortuguitas murieron
y las gaviotas me atacan
como un enjambre furioso,
locas de hambre y de rabia.

La niebla tapiza el cielo
como una oscura mortaja
y los timbales anuncian
que comienza otra batalla,
la batalla decisiva
contra el odio y la venganza,
contra ese COVID sangriento
que está asolando el planeta:
contaminación, venenos
sequías, hambrunas, guerras...

Ya no son cuatro jinetes,
es medio mundo el que intenta
acabar con nuestros bosques
y convertir nuestras selvas
en vertederos de odios,
yacimientos de miseria
y el otro medio negocia
que le mejoren la oferta.

¿Por quién doblan las campanas?,
–pregunta Ernest en su libro–,
doblan por todos nosotros,
por los muertos, por los vivos,
doblan por la madre tierra
malvendida por sus hijos.

¡Réquiem por todos nosotros!
Nos lo hemos ganado a pulso.

CICLOS

Pasan los años, las épocas, las eras,
pasa la vida y todo queda atrás,
a veces ruge como un tifón ardiente
y otras se estanca y se pudre en un lagar,
a veces canta como una primavera,
a veces brilla como un amanecer,
nos ilumina con mágicas auroras
y nos augura un futuro en que soñar,
un paraíso sin dioses ni serpientes,
un nuevo mundo de paz y libertad;
pero otras veces sacude nuestra casa
como un tornado de fuego y pedregal,
nos arrebata sembrados y cosechas,
amores, sueños, proyectos, libertad
y nos deja tirados en la calle
con una mano delante y otra atrás.

Pasan los ciclos, pero la vida sigue,
tras el invierno la primavera brilla,
el sol caldea de nuevo los sembrados
y los frutales esparcen sus semillas,
hay que labrar y preparar la tierra,
sembrar amor, paz, concordia y alegría,
regar los surcos con el sudor del alma,
trabajar duro, soñar con la vendimia.

La vida es dura, pero así es la vida,
lucha continua en pos de la verdad,
por muy oscura que sea nuestra noche,
más deslumbrante brillará al final
y una aurora radiante y turbadora
una nueva cosecha nos traerá:
hijos, nietos, bisnietos, nuevos surcos
donde volver a sembrar y a cosechar.

CAUCE SIN RÍO

Me siento como un río moribundo
plagado de cañizo y barrizales,
despoblado de peces y de ranas,
de niños disfrutando en mis bancales.

Mis antaño cantarinas aguas
son apenas un humedal infecto
en que agoniza algún sapo tardío,
en donde medran víboras e insectos.

Ya no cantan ni hierven mis cascadas,
mi cauce ya no huele a hierbabuena
sino al hedor sutil del desconsuelo,
al pegajoso efluvio de las penas.

Ruego a ese dios que dormita entre las nubes
que nos regale la lluvia de la vida
que nos abra las puertas de los cielos,
las compuertas que impiden las crecidas.

Quiero ver adornados mis ribazos
de juncales, de hierbabuena y cañas
que mis aguas discurran cantarinas
perfumadas de menta y albahaca.

Quiero seguir sonriendo a mi destino,
a ese mar que me acoja en sus arenas,
¡dame un beso de lluvia agradecida,
dame un soplo de brisa enamorada!

Dame fuerzas para seguir mi curso
sin tener que pudrirme en una balsa,
en una charca hedionda y olvidada
rodeado de sapos y de ratas,
solo tú puedes limpiar mi cauce
sin tu amor nunca alcanzaré la playa.

TÚ MISMO

Conforme hacemos pasillos
se cierran todas las puertas,
se bloquean las ventanas
antaño, todas abiertas,
los cirios agonizantes
pueblan los muros de sombras,
los pasos se hacen cansinos
y la incerteza te agota.

Resuenan por las paredes
gritos, aullidos, lamentos,
el suelo es un vertedero
de sangre, lágrimas y heces,
el pasadizo se estrecha
y la esperanza se pierde.

Pero, aunque no tengas llaves
no sigas el laberinto,
abre a patadas las puertas
y quiebra todos los vidrios,
deja que la luz bendiga
cada rincón del camino
que nada te paralice
que nadie pueda contigo
que el miedo no te atenace,
¡has de alcanzar tu destino!,
no sigas a los flautistas
que te guían al abismo,
solo el amor te hará libre,
¡volverás a ser tú mismo!

PESE A QUIEN PESE

Los años gotean cual besos de escarcha
cada vez más fríos, cada vez más fieros,
horadan barrancos en nuestras mejillas
arrastran recuerdos, congelan los sueños,
nos van separando de nuestra familia,
de nuestros amigos, de nuestros anhelos,
te encorvan la espalda, te nublan la vista,
te marcan la senda hacia el cementerio.

Pero no te rindas y sigue adelante
que hay mucho camino por donde encontrarte
que hay muchos senderos repletos de vida
¡todavía puedes burlar a la muerte!
abrir nuevas vías hacia la utopía,
cantar como un niño, retar a la suerte,
soñar un futuro en paz y armonía
donde la justicia nos haga más fuertes,
donde la mentira no lance sus redes,
seguir adelante sin miedo a perderte
que no hay más camino que aquel que tú eliges
ni más GPS que tu propia suerte.

LAS MUSAS HUYERON

Me estrujo el cerebro como una fregona,
sacudo los sueños como ropa vieja,
me arrastro en el tiempo, me esfumo en las sombras
me pierdo en un puzle de sucias callejas,
las musas huyeron de tanta miseria,
de miedos, hambrunas, de odios, de guerras…
quizás ya no existen, quizás están muertas
y ya no responden a ruegos ni a quejas,
quizás son rehenes del miedo y las penas,
tal vez embarcaron en una patera,
quizás se tornaron quimeras oscuras,
tal vez emigraron hacia otro planeta.

Pero no me rindo y sigo buscando
vadeando ríos, pateando charcos,
surcando los mares, remando en silencio
bogando sin rumbo entre los sargazos
llorando dormido, soñando despierto
un nuevo futuro más justo y más cierto
donde la ternura, donde la belleza
sean nuestra Meca, sean el pan nuestro,
donde nuestros hijos tengan un futuro,
donde la utopía no quede tan lejos.

MAÑANA SERÁ OTRO DIA

Apenas me quedan sueños
y se me escapa la vida,
las letras y las palabras
se ocultan y desvarían,
le roban tiempo a mi tiempo
y emborronan mis cuartillas.

Apenas queda esperanza:
guerras, pandemias, sequia,
crisis, violencia, cansancio
quieren amargar mis días
quieren lavarme el cerebro
quieren borrar mi sonrisa,
hacer de mi un pobre viejo
cascarrabias y egoísta.

Pero aún tengo a mi esposa,
los brazos que me cobijan,
los besos que aún me encienden,
la pasión y la sonrisa
y por mucho que los miedos
golpeen en mis ventanas
que los temores me asedien
para amargarme la vida,
seguiré siendo yo mismo
cantor, poeta, cuentista,

amante de la belleza,
soñador y sibarita,
un fan de la buena mesa,
sommelier de mil bodegas,
peregrino del futuro
en busca de la utopía
navegando viento en popa,
remando si hay calma chicha,
y si hoy no me quedan fuerzas,
¡mañana será otro día!

MIENTRAS ME QUEDE EL ALIENTO

Me pides que abra mis versos
a la vida y al amor
que vuelva a escribir mis rimas
cual cantos de ruiseñor
que sean música, odas,
clarines a un tiempo nuevo
en que reine la justicia
la paz, la cultura, el reto
de ser un poco mejores,
más humanos, más sinceros.

Me pides que alce mi canto
que mi voz vuele a los cielos,
buscando paz y esperanza,
barriendo nubes de fuego;
pero apenas quedan fuerzas,
apenas en pie me tengo
luchando contra molinos,
bancos, ejércitos, credos
que nos hablan de justicia
y nos hacen sus esclavos,
religiones homicidas
que fomentan odio y miedo,
políticos mercenarios,
sacerdotes del averno
que nos venden indulgencias,

pasaportes a un infierno
en que pretenden sumirnos
diciendo que no hay remedio
que hemos de pagar peaje,
tragar los telediarios,
leer la prensa diaria
como si fuera un breviario;
pero conmigo no cuenten
tengo que seguir luchando,
denunciar sus tropelías,
desmantelar sus engaños,
no sé si hay otra vida
pero esta la defiendo
con garras uñas y dientes,
mientras me quede el aliento.

DIARIO

Las hojas de mi diario
llenas están de borrones,
de faltas y tachaduras,
de enmiendas y borradores;
las hojas de mi diario
están escritas con sangre,
con lágrimas y con risas,
con poemas y canciones,
tiene sus hojas heridas
de miedos y desengaños,
de falacias y mentiras,
de proyectos descartados,
pero yo sigo escribiendo
día a día y noche a noche
porque no pido una tregua,
no quiero historias en blanco,
cuido mi caligrafía,
escribo con más cuidado,
mejoro mi ortografía
y evito dar un mal paso.

Que cada página nueva
sea una obra de arte,
un horizonte, un poema,
un lugar donde abrazarte
que puedas leer conmigo
sin sufrir, sin enojarte,
donde bailar sin orquesta,
donde cantar a dos voces
el aria de una tragedia,

–dueto "molto vivace"–
sin director y sin coros,
sin nadie que desentone,
donde escribir mano a mano,
día a día, noche a noche
una odisea, una biblia
sin demonios y sin dioses;
solos tú y yo caminando
más allá del horizonte.

RUTINA

La rutina es una soga,
una droga pura y dura
que nos atrofia las alas
y nos arranca las plumas
que nos hace sus esclavos,
nos roba la libertad,
nos encadena a sus miedos
y nos impide volar
sin metas, sin más destino
que ser feliz y exultante,
nos condena al ostracismo
a dar vueltas a una noria
más estéril que un desierto,
como jamelgos de carga,
nos hace viejos gruñones
sin sueños, sin esperanzas,
al pairo de la corriente,
de esa mortal catarata
en que nos arrastra al abismo,
al vacío y a la nada.

Vuelve a reescribir tu agenda
a la luz de las estrellas
y que La Polar te guie
hacia esa Ítaca soñada
que fue tu hogar y tu patria,
tu corona y tu bandera,
donde Penélope espera
acariciando su arpa
a verte tensar el arco,
a verte empuñar tus flechas,
a que retomes el trono,
y nunca más languidezcas.

ROMERÍA

Tengo fuego en el cuerpo,
tengo hielo en el alma,
tengo miedo a un futuro
que amenaza estallar;
me retuerzo en el lecho
entre lágrimas yertas
con los ojos en llamas,
suplicando una paz
cada vez más distante,
cada vez más esquiva,
añorando unos sueños
que jamás volverán.

Los segundos se arrastran
como si fueran siglos,
las campanas redoblan
en mi templo interior,
pesadillas eternas
sin final ni principio,
¡una helada mortaja
cubre mi corazón!

Pero siento el arrullo
de tu voz a mi lado,
el calor de tu cuerpo,
tu perfume, tu faz,
me refugio en tu pecho
y los miedos se acallan
las tinieblas se borran
y el sol vuelve a brillar,

vuelvo a ser un poeta
un juglar, un romero
persiguiendo la ermita
de la felicidad
enlazando tu mano
comulgando tus besos,
los fantasmas se esfuman
y renace la paz.

MIENTRAS AÚN ME QUEDEN FUERZAS

Las hojas caen de las ramas,
los años, del calendario,
la vida sigue su curso,
los sueños, siguen soñando
mas, ¿qué es la vida sin retos,
sin amor, sin aventura?
—un viaje a ninguna parte,
una pesadilla oscura,
un libreto trasnochado,
un aria sin partitura—.

La vida es una contienda
contra el hastío y el tiempo,
una batalla perdida
si no ponemos remedio,
si no levamos el ancla,
si no extendemos las velas,
si no remamos con furia
en busca de la utopía
y nos quedamos varados
en arenas movedizas.

Canta, llora, ríe sueña,
haz el amor, no la guerra,
lucha contra la rutina,
contra el miedo y la miseria
que vida no hay más que una
y si hay más, ¡benditas sean!
pero la que estoy viviendo
es la que ahora me resta
y voy a plantarle cara
mientras aún me queden fuerzas,
mientras mi pecho palpite
y el amor ruja en mis velas.

HOY TE HE VISTO....

Hoy te he visto flotando por las calles,
los pelos lacios, la sonrisa hueca,
arrastrabas los pies y tu mirada
se perdía en cetrinos horizontes,
tus senos, por los que llegué a humillarme,
flotaban descolgados y distantes
y ese vientre en el que hundí mi hombría
pugnaba por salir de sus prisiones.

¡Cuántas noches lloré hasta la locura
lamiendo las sábanas ajadas
que aún guardaban la savia de tu sexo!,
¡cuántos días me hundí en mis propias heces
sin poder levantar ni la cabeza,
con el cuerpo temblando de deseo
y el alma lacerada por tus chanzas.

Me dejaste tirado, me humillaste.
¿Qué era yo para ti?, sólo una presa,
un trofeo de amor en tus paredes
con los bolsillos cargados de promesas
un poeta, un soñador, un paria,
un machote que se usa y se desecha.

Hoy te he visto y hasta he sentido pena,
he llorado por ti lágrimas negras
y me pregunto qué efluvio me darías
para hacer que perdiera la cabeza
y jugarme la vida en una timba
en la que siempre habría sido un paria.

TARDES AMARGAS

Llora la tarde temprana
grises recuerdos de sol,
llora con tristes nostalgias
gotas de frío dolor,
¡cuán apagadas las notas
de su grisácea canción!
nana que el viento le canta
con su monótono son,
con los harapos de otoño
de su pasado esplendor.

Tardes de amarga tristeza,
tardes de cruel soledad,
tardes que evocan recuerdos,
tardes de hirviente ansiedad
que nos inundan los ojos
y que nos hacen temblar
como niños asustados
presos de la tempestad.

Al fondo acecha la noche
negra, fría e invernal
y la galerna no amaina,
¡no sé si amanecerá!

HE DE GANAR LA PARTIDA

Ya no siento, ni pienso, ni respiro
soy un zombi sobre un ordenador
cabalgando a lomos de una tablet,
prisionero en un televisor;
ya no salgo a la calle, me da miedo
tropezarme con otros como yo
peregrinos de un yerto camposanto:
miedo, tedio, miseria y confusión.

No consigo escribir, estoy en blanco
como un folio arrugado por los suelos,
solitario como un hurón herido,
vacío como un lagar cegado.

He de volver a ser yo, vivir de nuevo
sacudirme el hastío y el terror,
cantar, bailar, escribir, romper los fierros,
recuperar la alegría y el valor,
tomar la pluma, esgrimir la espada,
volver a ser un poeta y un cantor
y disfrutar en el lecho y en la mesa
del buen vino, las viandas y el amor
que no hay más cartas que las que me han tocado
y he de ganar la partida que no hay dos.

NUBES ENCENDIDAS

Tú y yo somos dos nubes luminosas
dibujando sonrisas en el cielo,
dos cúmulos de luz, dos nebulosas
buscando el más allá del universo.

Tú y yo somos dos nubes adosadas
a veces algodón, a veces fuego,
a veces azabache, a veces hielo
dos nubes entre el cielo y el infierno.

Tú y yo somos dos nubes encendidas
cuajadas de tormentas y de risas
que a veces iluminan los espacios
y a veces, paren rayos y ventiscas.

Tú y yo somos la lluvia en primavera,
el refugio del sol en el verano,
el preludio que anuncia un nuevo otoño,
la nieve que blanquea nuestros cerros,
la aurora que ilumina las tinieblas,
dos golondrinas huyendo del invierno.

SOLTANDO LASTRE

Los miedos y los augurios
se hacen un sitio en mi mesa,
tienen un hueco en mi lecho
y me asedian la cabeza,
temores hacia el futuro,
temores al más allá,
recuerdos en pie de guerra
que no consigo olvidar.

He de arrojar ese lastre
porque me impide volar,
solo consigo arrastrarme,
esconderme y dormitar,
reflejarme en los espejos
cetrinos y deformantes
que se ríen de mí mismo
que hacen de mí un vil cobarde,
una marioneta rota
que ya no interesa a nadie.

He de levantar el vuelo,
volver a escalar montañas,
bañarme en los siete mares,
nadar venciendo las olas,
hacer el amor sintiendo
que estoy naciendo de nuevo,
como vuelvo a ser yo mismo,
como el deseo retorna,
como la música atruena
y la pasión me encoraja,
sacudirme los complejos,
cantar, correr por la playa
y zambullirme en las olas
que entre tus muslos estallan.

ACCIÓN DE GRACIAS

Soñar despierto o vivir dormido,
seguir luchando o capitular
seguir creyendo en el amor sin precio
o malvivir sumido en un erial.
En esta senda de zarzas y alimañas
hay que seguir adelante o fenecer,
no hay un refugio donde tomar aliento,
no hay un oasis donde descansar,
en las cunetas acechan las serpientes,
los buitres trenzan su danza en el altar
donde rendimos culto ante unos dioses
que solo esperan podernos devorar.

Sigue tu senda, busca una mano amiga,
canta, disfruta, no pierdas la ilusión
y no te quedes tirado en el barbecho
porque las hienas no tienen compasión,
hay un mañana detrás del horizonte,
tras los eriales te acogerá un vergel
y los desiertos mutarán en playas
llenas de vida, de luz y de placer
donde bañarte en sus aguas cristalinas,
donde gozar de la paz y del amor,
donde embarcarte a buscar un mundo nuevo,
donde volver a vivir de sol a sol
y darle gracias a la madre tierra
por tanta vida que hay a tu alrededor.

DICEN QUE EL AMOR...

Dicen que el amor se extingue
como la llama de un cirio
que día a día consume
su luz, su fuego y su brillo;
dicen que el amor se estanca
como las aguas de un río
cegado por la sequía,
por el fango y el hastío;
dicen que el amor anida
en tiempo de primavera,
construye con alegría
su hogar entre los frutales
mas cuando llega el otoño,
se va a buscar otros lares,
otro paisaje, otro clima
donde entonar sus cantares,
donde alzar de nuevo el vuelo
y encender nuevas pasiones.

Pero hay un amor eterno
que no abandona su nido
que da vida a sus polluelos,
calor, alpiste y cobijo
y forma con su pareja
un lecho cálido y tierno
donde mudar el plumaje,
donde ver pasar los tiempos
y esperar juntos y unidos
para afrontar el invierno
cantando bajo la lluvia,
viviendo un único sueño,
porque el amor, si es sincero,
no teme al frío ni al hielo.

¡DA UN DO DE PECHO!

Gotean los sentimientos
por las ventanas del alma,
lágrimas tras los cristales,
frío, granizo y escarcha,
la tarde corre sus velos,
baja todas las persianas,
y nos sume en la tristeza
de una noche sin mañana,
de un ocaso irreversible,
de inviernos sin primaveras,
de una niebla ponzoñosa
que entristece y que envenena,
mas no te encierres en casa,
sal a la calle, pelea,
no le tengas miedo al miedo,
canta, grita, corre, vuela,
no te encierres en el zulo,
escribe, rompe cadenas,
sueña despierto y no temas,
no les entregues el alma,
no malvendas tus riquezas
porque Cronos no descansa
y cualquier día descuelga
el telón en plena fiesta,
apaga las candilejas
y hace mutis por el foro
vaciando la platea,

¡da un do de pecho y revienta
los vidrios de las ventanas!
que entre un soplo de aire fresco
y barra las telarañas,
mañana será otro día
otro milenio, otra era.

RESURRECCIÓN

A veces siento que estalla la tormenta,
a veces siento que empieza la erupción,
que el magma hierve y asciende hacia mi cráter
y la galerna me azota el corazón;
a veces siento que vago en el desierto
sin pan, sin agua, sin rumbo, sin timón
que soy basura barrida por el viento
al vertedero del miedo y del dolor.

A veces cierro los ojos y me acerco
al precipicio de la desolación
y siento el cierzo empujarme hacia el abismo
mientras los buitres danzan alrededor
como demonios aullando en el averno,
como gárgolas pidiendo su ración.

Mas de repente te siento aquí, a mi lado,
siento tu aroma, tu fuerza, tu calor,
siento tu pecho vibrar junto a mi pecho
siento el perfume adorable de tu amor,
me doy la vuelta y te tomo entre mis brazos,
beso tus labios, me embriago con tu olor,
siento tus muslos abrazar los míos,
siento mi cráter entrar en erupción,
la pesadilla le cede el paso al sueño,
la noche muere y brilla un nuevo sol;
cierro los ojos, vuelvo a nacer de nuevo
porque en tus brazos puedo sentir a Dios.

LLUEVE POR FIN

Llueve por fin, la lluvia nos bendice,
se ha hecho la luz tras tanta oscuridad,
los ríos cantan, los campos resucitan,
los cielos lloran lágrimas de paz,
¡llueve por fin!, la madre tierra vibra,
los pajarillos regalan su cantar,
brotes y espigas levantan la cabeza,
las amapolas comienzan a brotar.

Los bosques abren sus brazos y sus sendas,
las golondrinas de nuevo volverán,
la vida vibra y entona deslumbrante
la sinfonía de un nuevo despertar,
la primavera danza desnuda entre las olas,
la aurora brilla en cada amanecer,
Gea, de nuevo perdona nuestras deudas
y nos concede otra oportunidad
de respetar el entorno, la natura,
de no volver nuevamente a envenenar
nuestros cielos, océanos y tierras,
es la postrera, no habrá ninguna más.

EL TÚNEL DEL TIEMPO

Voy vivaqueando por el túnel del tiempo:
sombras, aullidos, ruido, oscuridad…
corro, me arrastro, a veces me derrumbo,
tomo un respiro y vuelvo a caminar,
busco una fuente, pero solo hay charcas,
sigo adelante, no puedo descansar,
busco una mano, pero tan solo hay garras,
fieras que aúllan y ya no hay marcha atrás.

Perdí la esposa que me acompañaba
por perseguir sirenas y quimeras,
salí corriendo detrás de unas valquirias
y ahora me encuentro perdido entre las sombras,
la llamo a gritos, pero solo escucho
el eco roto de mi propia voz,
el miedo muerde con furia despiadada,
mis ojos lloran lágrimas de hiel,
tengo hambre y frío, el pánico me aturde,
me arrojo al suelo y araño la pared.

Y de repente, aparece ella,
Iluminando el túnel con su luz
tiende su mano, me abraza y me acaricia,
siento la vida volver a despertar,
cesan los ruidos, los truenos, los aullidos,
oigo su voz y no escucho nada más,
me ha perdonado, me ha dado nueva vida,
¡viajamos juntos hacia la eternidad!

NO ERES UN VIEJO

No te dejes vencer por la tristeza,
no dejes que te asfixie la ansiedad
que los años no sean nunca un lastre
sino un sendero por el que degustar
de los frutos, las flores, del paisaje,
un camino hacia la eternidad,
una yincana que lleva a la utopía
aunque nunca la puedas alcanzar.

Canta, baila, disfruta de un buen vino,
busca esa mano que te acompañará
más allá de los tiempos y el espacio
por senderos de amor y libertad,
¡no eres un viejo, eres un poeta!,
un peregrino hacia la eternidad,
un niño grande que ríe, juega y llora
y que no pierde jamás su dignidad.

No te rindas, no tengas miedo al miedo
que aún quedan muchos paisajes por gozar
que aún quedan playas en que nadar desnudo,
donde hacer el amor y disfrutar
de la brisa, las olas y el paisaje.
¡Alza tu copa y brinda por la paz!

RESACA

Está vacío el tintero,
la plumilla se quebró,
las cuartillas arrugadas,
la vela ya se apagó
y humea negros augurios
que apestan la habitación.

El vinilo está rayado,
el "whisky" se derramó
sobre la mesa y la pipa
está empapada en alcohol,
la cabeza me da vueltas
como un tiovivo atroz,
los recuerdos se revelan
y orquestan alrededor
un aquelarre siniestro
que incendia mi habitación.

Cronos duerme la resaca
y no quiere despertar
ronca, vomita y vocea
que el tiempo se acaba ya...
le saco punta a mi lápiz,
tomo el rollo de papel
y escribo en la partitura
que cuelga en el W.C.
un soneto a la esperanza,
un himno al amanecer,
porque nada, nadie, ¡nunca!
podrá hacerme enmudecer.

CON EL AMOR POR BANDERA

¡He de recargar las pilas!,
he de volver a volar,
a surcar ríos y mares,
cielos, abismos, nadar
sin botellas ni escafandra,
cantar a pleno pulmón,
navegar hacia el futuro
bogando de sol a sol
y contra viento y marea
mantener la singladura
que me he marcado por meta
por mucho que las borrascas,
el hambre, el miedo y las guerras
quieran desviarme el rumbo
y embarrancarme en la arena.

Con el amor por bandera
he de volver a escribir,
a descubrir nuevos mundos,
a disfrutar y a vivir,
a hacer el amor sin prisas,
a soñar, a comprender
que detrás de las tinieblas
hay un nuevo amanecer,
pero hay que caminar presto
que la noche está al caer.

ABRE TUS BRAZOS

¿Dónde te encuentras
que no puedo encontrarte?,
¿dónde te escondes que no te puedo hallar?,
sigo tus huellas y acabo en el desierto,
sigo tus pasos hacia la eternidad
y solo encuentro las zarpas de un orate,
restos, basura hollando el arenal.

A veces creo escucharte entre los truenos,
en la ventisca que arrasa el temporal,
pero son ecos que atruenan mis oídos
y no me dejan pensar ni meditar.

Cerré los ojos prendido entre tus brazos,
dejé mi alma bogando entre las olas,
icé mis velas para surcar tus mares
y desperté encallado entre las rocas,
ya no me quedan víveres ni enseñas
y mi patera se pierde en alta mar,
los tiburones acechan expectantes,
saben que pronto el cayuco se hundirá.

No hay más futuro que el que en tu pecho late
ni más aliento que el que me puedes dar,
abre tus brazos y muéstrame el camino
que ya no puedo bogar ni caminar,
abre tus brazos, abrígame en tu pecho,
dame un respiro que ya no puedo más.

EN EL TEATRO DEL MUNDO

La vida es un pentagrama
en blanco y sin tachaduras,
Eros entona las notas,
los arpegios, las locuras
que el compositor escribe
en su eterna partitura.

Cronos dirige la orquesta
marca tiempo, ritmo y rima,
tragedias, operas bufas,
conciertos y sinfonías
resuenan en su auditorio
mientras el público silva
o aplaude según que brillos
reflejen en sus pupilas
las candilejas que el mundo
enciende entre bambalinas,
en el que a veces triunfamos
y a veces desafinamos,
hasta que el telón nos siega
como una cruel guillotina.

En el teatro del mundo
nada es verdad ni es mentira,
todo es según el libreto
que te ha asignado la vida.

HAY QUE VENCER

No me exijas que baje las persianas
porque no queda nada que vender,
porque el polvo se agolpa en los estantes,
porque el silencio atruena por doquier.

No me pidas que vierta mis recuerdos,
mis proyectos, mis sueños, mi "porqué"
en la negra cloaca del olvido,
en las alcantarillas del ayer.

He de llenar de ilusiones los armarios,
he de engendrar mis poemas otra vez,
escribir, recitar, vivir de nuevo
y despertar en un nuevo amanecer
he de tirar el cansancio a la basura,
pegarle fuego a la desilusión,
reciclar sueños, proyectos olvidados,
cantar, reír, amar de sol a sol.

Aún nos queda el amor y la esperanza,
aún nos quedan las fuerzas y la fe,
dame tu mano que nada está perdido,
dame un abrazo que hay mucho por hacer,
nada está escrito, el futuro es todo nuestro,
hay que luchar, hay que amar.

¡HAY QUE VENCER!

HAZNOS UN SITIO A TU VERA

Ahora que estás en los cielos,
ahora que no sufres más,
dibuja en el firmamento
con el pincel de tu amor
una corona de estrellas,
la Vía Láctea hacia Dios
que nos señale el camino
que nos conduce a la paz
que nos haga ser mejores,
ser más fuertes que el dolor,
generosos y valientes
como lo habéis sido vos.

Cada vez que mire al cielo,
veré tus ojos brillar
y encontraré tus pinturas
allende la eternidad,
ahora el espacio es tu lienzo
y nadie podrá borrar
todo el amor que has sembrado,
tu ternura, tu bondad.

Haznos un sitio a tu vera
cuando nos toque partir
al paraíso en que moras
donde no existe el dolor,
el odio ni el sufrimiento,
solo la paz y el amor;
haznos un sitio a tu lado
en tu universo de paz
y dibuja un mundo nuevo,
¡hagámoslo realidad!

QUÉDATE A NUESTRO LADO UN POCO MÁS

No te has ido, lo sé, te siento cerca,
has alzado tu vuelo al más allá,
hacia un mundo más limpio y más hermoso
donde reinan la paz y la verdad;
el amor, la belleza y la ternura
–cada vez más difícil de encontrar–,
te han abierto las puertas del eterno,
haznos un rinconcito en ese hogar
donde el fuego da luz pero no quema,
donde el amor no tiene caducidad,
donde el tiempo no tiene calendario
y el futuro es el reino de la paz.

Esta noche, mirando el firmamento,
he sentido que estabas más allá
de las nubes, del sol y las estrellas,
pero tu luz no cesaba de brillar,
tus pinceles cobraban nueva vida
y viajaban hacia la eternidad.

No te vayas muy lejos, te añoramos,
abre un nuevo camino a la verdad,
donde no tenga sitio la mentira,
el egoísmo, la guerra y la maldad…
ahora tienes la fuerza del eterno,
¡quédate a nuestro lado un poco más!

BODAS DE ORO

Medio siglo de vida
admirando tus ojos,
cobijado en tu pecho,
compartiendo los sueños,
medio siglo y un día
de divina sentencia,
de cadena perpetua
más allá de las eras,
más allá de los tiempos,
de pandemias y guerras
recogiendo cosecha
-hijas, nietos, certezas-
de un amor tan inmenso
que rebosa la tierra
y se expande en el cosmos
como láctea estela.

Medio siglo de lucha
enterrando rutinas,
cosechando ilusiones
cada día más vivas,
renovando los votos
que juré en nuestra ermita
con Las Fuentes brotando
ambrosias benditas
y la virgen llorando
de ilusión y alegría.

Aún recuerdo tu rostro,
tu sonrisa divina
y la luz de esos ojos
que han guiado mi vida
cual si fuera ayer mismo
porque el tiempo no pasa,
si el amor es sincero
la ilusión no se apaga.

Son las bodas de oro,
pero Cronos prepara
el platino que brilla
en la próxima escala
más allá de los tiempos,
más allá de las eras,
más allá de las sendas
hacia la vida eterna.

SETENTA Y TRES AÑOS Y UN DÍA

Setenta y tres años coronan
mi pirámide vital,
catorce lustros y un día
sin dejar de pelear,
luchando contra mí mismo,
contra el miedo y las miserias
con la pluma como espada
y el corazón por bandera.

Hijo, esposo, padre, abuelo
—pronto quizás, bisabuelo—
voy atesorando estrellas
en mi uniforme vital,
de ser un simple grumete
ahora ya soy capitán
y empuño el timón sabiendo
cuanto queda por bregar,
contra galernas de fuego,
piratas y calmas chichas
hasta alcanzar ese puerto
en que poder amarrar
y disfrutar del paisaje,
del vino y del buen yantar
sin presiones y sin prisas,
brindando por el amor
y sin contar batallitas
que el viento ya se llevó.

En la nave de la vida
nunca dejé de remar
largando trapo, empuñando
el timón hasta sangrar,
ahora que he lanzado el ancla
no pararé de cantar,
de escribir un nuevo libro,
de intentar vivir en paz
y disfrutar de esa fiesta
que aún me queda por lidiar.

GOTERAS EN EL CEREBRO

Tengo fugas en el alma,
apagones sin porqué,
goteras en el cerebro,
ruido de fondo en la piel,
los recuerdos se me escapan,
se los traga el sumidero
de ese vacío infinito
-inmenso agujero negro-
que me tiene prisionero
en este túnel del tiempo
donde el mañana no existe
porque es solo un espejismo,
un holograma impostado
mientras conserve el resuello.

Pero no podrán conmigo
porque aún conservo la fe
en el amor, en la vida,
en la música, en la paz,
aún tengo la poesía
que me ayuda a caminar
cuando ya no quedan fuerzas
y el sol se empieza a ocultar,
cuando los miedos se encrespan
e intentan volver atrás,
cuando el péndulo de cronos
ya no quiere latir más
y la tiniebla amenaza
con hacerse eternidad.

Puede que en mi disco duro
ya no quepa mucho más
pero tengo a buen recaudo
copias de seguridad
en los libros, en el cine,
en la música, en el mar,
en la espuma de las olas
que me quieren acunar,
en los brazos de mi esposa
en mis hijas, ¿quieres más?,
si no tienes suficiente
en verdad, estás muy mal.

EXORCISMO

Quiero tirar de la manta,
quiero volver a soñar,
a cantar a voz en grito,
a vivir y a disfrutar,
quiero hacer un exorcismo,
quiero de nuevo luchar
contra el miedo, el conformismo
que me quieren secuestrar,
a escapar de la rutina,
poder levantar el vuelo,
derribar del laberinto
en que me oculto y me pierdo.

Tengo que afilar la espada
y salir a combatir
contra todos los fantasmas
que me intentan abatir,
hacer de mí un pobre viejo
temeroso e impotente
que contando batallitas
va borrando su presente
y se pierde en un pasado
brumoso y efervescente
en el que todo es mentira,
en el que nada es verdad,
un torbellino de miedos
que me quieren secuestrar.

Pero yo tengo a mi esposa,
mis hijas, mi poesía,
la esperanza en el futuro,
la música de mi vida
y salgo cantando al bosque
a hacer mil fotografías,
a hablar con los pajarillos,
saludando al nuevo día
que vida no hay más que una
y a mí nadie me la arruina.

DEPRESIÓN

Gotean presentimientos,
miedos absurdos, rutinas,
la depresión me rodea
e intenta tomar la villa;
me envuelven sombras y ruidos
que no consigo espantar,
día y noche, noche y día
aullando en la oscuridad
me nublan el firmamento
y me borran las estrellas
la negritud me rodea
y los temores me asedian,
pero no podrán conmigo,
despliego mi artillería
y canto a grito pelado
lo que el corazón me inspira.

Me rio de los espejos,
¡me quieren distorsionar!,
solo me muestran a un viejo
arrugado i somnoliento
cuando estoy lleno de vida,
de ilusiones y proyectos,
de música y poesía,
de amor y de sentimientos,
cuando aún tengo a mi esposa
—esa diosa hecha mujer—

que le da vida a mi vida,
amor, ternura y placer
que me abraza cada noche
que me hace renacer

cada mañana en su lecho
lleno de vida y poder.
¡Ya estáis levantando el sitio
que conmigo no podréis!

CORAZÓN

Tengo el corazón dormido
y no quiere despertar,
se arrebuja entre recuerdos
que no han de volver jamás:
miedos, augurios, aullidos
se agolpan ante sus puertas,
golpean en sus paredes
y llaman a sus ventanas,
él se refugia en el lecho,
recrea su propio mundo,
sueña despierto en la noche
y cual nuevo Segismundo
duda entre seguir latiendo
o echar el ancla en el puerto
y desplegando sus alas,
alzar el vuelo hacia el cielo.

Pero hay que seguir luchando
por un mañana mejor,
sacar fuerzas de flaqueza
y despertar ese amor
que duerme en lienzos de seda,
saltar al ruedo a luchar
contra el dolor, contra el miedo;
los clarines suenan ya
y los mansos desesperan,
¡no te dejes arrastrar!

GINCANA

Ve preparando de nuevo el equipaje
que tu destino está a punto de arribar,
un nuevo puerto, una nueva escala
hacia un futuro que es la eternidad.
Las velas tiemblan, rugen las cuadernas,
el ancla cuelga a punto de engarzar,
la escalerilla ya asoma por la borda,
el capitán da la orden de atracar:
ruidos, sirenas, bocinas desbocadas
rompen los nervios, aturden la razón,
miedos, temores, prejuicios, amenazas
danzan aullando con su aguerrido son.

Un nuevo puerto, una nueva escala,
ya ni recuerdas cuantos llevas ya,
ya ni te acuerdas en donde te embarcaste,
cual es tu nombre, cual es tu ciudad,
buscas la mano que te acompañaba
pero estás solo, ya no hay nadie más
que los fantasmas que ente las brumas danzan
el aquelarre de la soledad.

Salta a los muelles, no te quedes solo,
busca una tasca donde repostar,
toma unos vinos, sueña, vive, canta,
busca unos brazos donde despertar,
donde volver a retomar la vida
porque este puerto es una etapa más
en la infinita gincana de la historia,
otro peldaño hacia la eternidad.

FINISTERRAE

La madre tierra sucumbe,
la madre tierra agoniza,
llora lágrimas de sangre
que arrasan pueblos y villas,
la hemos herido de muerte,
le hemos robado la vida,
emponzoñando los ríos
los mares y las campiñas.

Autopistas, carreteras,
aeropuertos, factorías
escupen fuego y veneno
y corroen sus arterias
contaminando su aliento
con nuestras sucias miserias,
exterminando a sus hijos
en los bosques y en las selvas,
convirtiendo sus edenes
en cementerios y eriales
donde la vida se extingue
y estallan ígneos volcanes.

La cuenta atrás ha empezado,
se acerca el apocalipsis,
no sé si estamos a tiempo
de reparar nuestros yerros,
pero si no lo logramos
el futuro es un infierno.

LA CUENTA ATRÁS LLEGA A CERO

Con drones y excavadoras,
con barrenos y explosivos,
con bulldozers y tractoras
matamos cuanto está vivo,
envenenamos las aguas,
emponzoñamos el cielo
y convertimos las selvas
y los bosques en desiertos.

Nos erigimos en dioses,
en reyes del universo,
promulgamos nuestras leyes
e imponemos nuestros credos;
pero la mar agoniza,
los ríos son vertederos,
el aire huele a petróleo,
los campos a basureros,
los pájaros ya no cantan,
las flores se marchitaron,
los peces flotan podridos
entre espumas y vertidos…

La madre tierra perece
entre aullidos y estertores,
las aguas hierven con furia
e inundan pueblos y hogares
sembrando muerte y miseria,
hambre, pandemias y horrores;
el apocalipsis truena,
la cuenta atrás llega a cero.

DEPRESIVO

Siento como asciende la marea
por el vientre, el pecho y el cerebro,
es una niebla sucia y tenebrosa
que te ciega, te ahoga y te aniquila,
un magma que destruye cuanto alcanza,
un maremoto para enterrarte en vida,
un veneno letal y ponzoñoso
que te nubla la vista y la esperanza
que emborrona tu ayer y tu presente
que te hunde en el fango y la desidia.

He de escapar de este círculo vicioso,
he de cortar esta soga que me asfixia,
cantar, bailar y vivir a pecho abierto,
recuperar la esperanza y la alegría,
amar, besar, renacer y refugiarme
entre los labios divinos de mi esposa,
en el nido ancestral de su sagrario,
en el Edén primigenio de su boca
y volver a ser yo, a ser yo mismo
sin miedos, sin temores, sin más metas
que ser feliz, confiado y solidario,
escribir y vivir a tumba abierta
y conseguir un futuro en el que el mundo
recupere la paz y la justicia.

DESTRIPANDO TERRONES

Hace meses que espigo
entre páginas yermas
destripando terrones,
arañando la tierra
con las zarpas heridas,
con las manos sangrientas
de rezar a unos dioses
que son pura entelequia.

Me he quedado vacío,
en mi cuenco no hay tinta,
la plumilla chirria
en las blancas cuartillas,
cada día que pasa
es un páramo yerto,
un barranco de ortigas,
un sendero hacia el tedio…
pero sigo adelante,
peregrino irredento
persiguiendo utopías
y cruzando desiertos,
sacudiendo prejuicios,
miedos, negros augurios
porque sé que aún no es tarde
que aún me queda el orgullo,
el amor de mi esposa,
la esperanza, las fuerzas
y la fe en un mañana
de justicia y firmeza
donde el odio y el miedo
se los trague la tierra.

ME QUEDA LA POESÍA

Se me está arrugando el alma
como una sábana vieja,
como un bacalao prendido
en las redes de la vida
y apelmazado en un cuenco,
en salazón de mentiras,
con las escamas marchitas
y la mirada vacía.

Se me está secando al alma,
las horas parecen días,
con el cielo encabronado
aullando entre la ventisca,
me arrastro por las callejas
buscando la fe perdida
borracho en una terraza,
vomitando en una esquina,
bebiendo de un vino amargo,
dando tumbos por la vida.

Debo desplegar las alas,
descerrajar mis barrotes,
cantar las viejas canciones
que dieron vida a mi vida,
volver a escribir de nuevo,
soñar dormido y despierto,
cerrar las viejas heridas
y escapar de este desierto
que pretende sepultarme
en las arenas del miedo,

pero no podrán conmigo,
me queda la poesía,
la música y la esperanza
en un futuro más digno,
en un mundo solidario,
en un mañana más limpio
sin polución y sin odios,
sin miedos y sin conflictos,
con el amor de mi esposa
que me eleva al infinito.

CAUDAL DE VIDA

Los ríos nacen brotando en las montañas,
riegan los campos y entonan su canción
peñas abajo en un manto de espuma,
fuentes de vida, de amor y de pasión.

Los ríos fluyen hacia la vida eterna
entre praderas, por un lecho de amor,
las aves cantan bebiendo de sus aguas,
los peces bailan al ritmo de su son,
los niños nadan viajando hacia el futuro,
los pescadores recogen su labor,
las madres lavan las ropas y vigilan
a los retoños que nadan con pasión
y cuando llega el final de su camino
vierten sus aguas en el eterno mar,
se tornan nubes y vuelven a la sierra,
¡un nuevo ciclo de vida empieza ya!

¡Quién fuera río en ese viaje eterno!,
lluvias, cascadas praderas a anegar,
mientras las flores perfuman nuestro lecho,
alfa y omega se vuelven a abrazar.
¡Qué nuestro lecho sea un caudal de vida!,
¡qué nuestro curso no acabe en un erial!,
¡qué el paraíso no sea un espejismo
y sea un viaje hacia la eternidad!

AÚN ME QUEDAN FUERZAS

La pluma se me escapa de las manos,
la cuartilla se arruga sin cesar,
las musas se han declarado en huelga,
el cielo es una sombra y un erial.

Hace tiempo que escarbo entre la arena,
hace siglos que el pozo se agotó,
el pozal baja al fondo y solo hay fango
y las ratas escarban con furor.

Pincho un vinilo, me sirvo un whisky helado,
cierro los ojos e intento imaginar
un mundo nuevo, sin odios ni miserias
donde el amor no se pueda subastar,
donde la paz sea el pan de cada día,
donde los miedos no puedan arraigar...
pero el disco crepita, está rayado,
el miedo aúlla detrás del ventanal,
el whisky abrasa —está ya caducado—,
las pesadillas comienzan a asediar.

Pero "no pasarán", cierro los ojos,
grito, canto, peleo con furor,
me sacudo los miedos y los hados
y me siento de nuevo ante el papel,
mojo la pluma en el mar de los recuerdos,
sueño un futuro en que resucitar,
cargo la pipa y lleno mis pulmones

de esperanzas, proyectos y de fe
y la cuartilla recobra nueva vida,
¡aún quedan fuerzas y amor para vencer!

HACIA LA ETERNIDAD

Me exprimo el alma, me sacudo el cuerpo,
clavo las uñas en el corazón,
muerdo recuerdos que sangran y que amargan,
sigo unas huellas hacia el nunca más,
no quedan sueños, solo pesadillas
todo está oscuro, un pútrido arenal,
quiero escribir, pero el pulso tiembla
y el corazón a punto de estallar,
la pluma mancha y rasga la cuartilla,
vuelca el tintero y quiebra en el cristal.

¿Dónde se fueron los sueños, la constancia
los ideales, la música, el amor?,
las ilusiones me huyen, me hacen burla
y los fantasmas aúllan con furor,
mas no me rindo, preparo la mochila
y empiezo el viaje hacia la eternidad…
llevo mis sueños, mi fe y mi poesía,
nada ni nadie me podrá arrastrar
al cenagal de la desesperanza
cargo el hatillo y empiezo a caminar.

NO QUEDA TINTA

Vago perdido en los vados de mi mente,
busco jardines en los que descansar
y solo encuentro desiertos y alimañas,
rocas, eriales, barrancos, soledad…
Quiero escribir, darles vida a mis cuartillas
—que amarillean y arrugan de ansiedad—,
pero mi pluma desgarra sus carillas,
no queda tinta con la que bautizar
a ese nonato que cruje en mis entrañas
y que me niego a rendirme y abortar,
pero me estrujo el cerebro y brota bilis,
busco la luz y hallo solo oscuridad,
abro mi mente y exprimo mis recuerdos,
pero no queda ya nada que emanar.

¿Qué ángel del mal me expulsó del paraíso?
¿Cuál fue la fruta que no debí morder?
¿Por qué me huyen las luces y las musas?
¿Por qué los sueños se niegan a volver?
He de arrancar y quemar las malas hierbas,
he de volver a sembrar con ilusión,
regar mi mente con paz, con esperanza,
hay un mañana para recolectar,
recoger la cosecha de la vida.
¡La poesía me regenerará!

LA VIDA EMPIEZA
CON CADA DESPERTAR

Me estoy desarbolando
como un roble abrasado por el rayo,
me estoy enmoheciendo
como un papiro arrojado al arenal,
ya no me quedan fuerzas
para alzar la cabeza y ver el cielo,
mi voz se quiebra
como una copa en que nadie brinda ya.

Pasan los días como si fueran siglos,
las golondrinas se niegan a volver,
tan solo hay cuervos aullando por mi cielo,
negros vampiros aullando en el erial,
miro mis manos y me parecen garras
sin otras manos a las que acariciar;
a veces siento que todo está perdido,
pero sé bien que no puedo claudicar.

Busco a mi esposa y anido entre sus brazos,
bebo en sus labios como el Santo Grial,
tomo el papel y la pluma hasta con rabia,
he de escribir hasta resucitar
y poco a poco las musas se despiertan,
se abren los cielos a un nuevo amanecer,
suena una música que eleva mis sentidos,
nada ni nadie me volverá a eclipsar,
nada ni nadie me marcará el camino,
¡la vida empieza con cada despertar!

ÍNDICE